A Deafening Silence

Magda Cârneci

O tăcere asurzitoare

Magda Cârneci

A Deafening Silence

translated from Romanian by
Adam J. Sorkin,
Mădălina Bănucu
& the author

Shearsman Books

First published in the United Kingdom in 2017 by
Shearsman Books
50 Westons Hill Drive
Emersons Green
BRISTOL
BS16 7DF

Shearsman Books Ltd Registered Office
30–31 St. James Place, Mangotsfield, Bristol BS16 9JB
(this address not for correspondence)

www.shearsman.com

ISBN 978-1-84861-556-4

Acknowledgements

Some of the poems in this book have previously appeared, sometimes in slightly different form, in the following: the literary journals *The Greensboro Review*, *Orient Express*, *The Southern California Anthology*, *Krasnogruda*, *The Poetry Miscellany*, *Visions International*; the anthologies *Day After Night: Twenty Romanian Poets for the Twenty-First Century*, ed. Gabriel Stănescu and Adam J. Sorkin (Norcross, GA: Criterion Publishing, 1999), *Romanian Poets of the '80s and '90s: A Concise Anthology*, ed. Andrei Bodiu, Romulus Bucur, Georgeta Moarcăs (Pitești, Romania: Editura Paralela 45, 1999), *Born in Utopia: An Anthology of Modern and Contemporary Romanian Poetry*, ed. Carmen Firan and Paul Doru Mugur with Edward Foster (Jersey City: Talisman House, 2006); and the book *Poeme/Poems* by Magda Cârneci, translated by Adam J. Sorkin and the author (Pitești, Romania: Editura Paralela 45, 1999).

The Romanian originals of the poems in *A Deafening Silence* can be found in Magda Cârneci's book *O tăcere asurzitoare* (Bucharest, Editura Eminescu, 1985), published under the author's pseudonym Magdalena Ghica.

The majority of the poems here have been translated by Adam J. Sorkin and Mădălina Bănucu. However, nine poems are in versions by Adam J. Sorkin and the author: 'as if,' 'instancy,' 'at the very last,' 'millions of seas,' 'the blood which comes,' 'shall we be here?' 'an immense hand,' 'wheel, ruby and vortex,' and 'chaosmos' ["in the end…"].

Cuprins

I

II

III

Contents

I

II

III

IV

IV

I

I

fugă pentru instrumente necunoscute

1.

Peste vîrfuri
     apa limpede a ochiului enorm şi tăcut,
privind înapoi contemplându-se
        peste vîrfuri

2.

O orgă nebună. Creierul îşi varsă
     cascadele lui de vedenii şi sunete,
        menajeriile şi istoriile, timpii de cărbune şi platină,
     mierea şi laptele şi petrolul,
privind înapoi, alfabete, miraje, nirvane,
     şi golfuri largi şi întunecate păduri,
        amfiteatre şi labirinturi umplute de apă, adunând
secundele toate în vaste grămezi de nisip,
     în delta uriaşă din centru,
     în matricea ascunsă, obscură

3.

privind înapoi,
     lumină şi plumb, trenă lungă,
mîluri, aurore, tornade,
     zgură şi praf peste continente şi insule,
     fluxuri, refluxuri, nebuloase albastre,
     europe decăzute, asii delirante,
        ierburi uscate şi pene, vocale şi litere,

fugue for unknown instruments

1.

Over mountain peaks
  the clear water of an enormous, silent eye,
gazing in contemplation at itself
    over mountain peaks

2.

A black organ. The brain pours out
  cataracts of visions and sounds,
    menageries and histories, times of coal and platinum,
  honey, milk and oil,
staring back, alphabets, mirages, nirvanas,
  broad bays and dark forests,
    amphitheatres and labyrinths filled with water, gathering
all the seconds into vast sand dunes,
  in the immense delta in the centre,
  in the hidden, obscure matrix

3.

staring back,
  light and lead, a long train,
mud, auroras, tornadoes,
  cinders and dust over islands and continents,
  high tides and low tides, blue nebulae,
  europes fallen, asias delirious,
    dried herbs and feathers, vowels and letters,

privind înapoi, trenă lungă, planetă –
          cap tăiat, aruncat viu în cosmos –
în încăpătoarea deltă din centru,
în turbionul întunecat

4.

Peste vîrfuri, privindu-se,
creierul își amintește, își mănîncă din sine –
          utopii toride, culturi carnasiere,
          v-am îmbrăcat cu splendoare și purpură,
incendiate coșmaruri, scenografii tenebroase,
          v-am hrănit cu carne, limfă și sânge –
dinafară privindu-se, creierul, fastuos autodafeu,
          se aude delirul lui sacadat

5.

lătratul fiarelor dezlănțuite, furtunilor,
          țipătul metalelor grele, bestiilor, cuțitelor,
scrîșnetul pietrelor, huruitul cutremurelor,
vacarmul orașelor, pocnetul ențorm al exploziilor,
          urletul revoluțiilor
și   ca un refren peste toate
țipătul organelor rupte, creieri, inimi și degete,
vaietul celulelor vii,
hohotul viilor, morților, nenăscuților,
          ridicându-și șoaptele amestecate spre astre

staring back, a long train, oh planet –
      a head decapitated, thrown into the cosmos alive –
into the extensive delta in the centre,
into the dark vortex

4.

Over mountain peaks, gazing at itself,
the brain remembers, consumes itself –
      torrid utopias, carnivorous cultures,
      I've clothed you in purple and splendor,
fiery nightmares, a melancholy scenography,
      I've fed you flesh, lymph and blood –
gazing at itself from outside, the brain, a magnificent auto-da-fé,
      hears its own staccato delirium

5.

the howl of unchained beasts, of storms,
      the shriek of heavy metals, savages, knives,
the grinding of rocks, the rumble of earthquakes,
the raucous din of cities, the enormous thud of explosions,
      the roar of revolutions
and   like a refrain over everything
      the scream of broken organs, brains, hearts, fingers,
      the groan of living cells,
the sobs of the living, the dead, the unborn,
      raising a mixed whisper toward the stars

6.

Aud voci, ascult strigăte șuierătoare,
     divine comèdii răsar și apun,
paradisuri, infernuri, locuri de trecere se surpă în sine,
     avalanșe de imagini și de eter macerează sinapsele;
ascult hohotul deșucheat al bătrînei apocalipse
     ce se repetă etern, neînțeleasă,
cu o vastă tandrețe, o tandrețe distrugătoare;
     încercând să vorbesc, pe când Limba tace,
cuvintele au rămas departe în urmă,
     se aude doar tăcerea insuportabilă
a unei corzi neatinse de nimeni
     decât de propria ei singurătate

7.

peste vîrfuri
     privind, contemplând
Zgomot vast, revărsat peste lume,
     unde e armonia ta luminoasă?
Gură, unde s-a ascuns cântecul, cine l-a destrămat?
Tobe și trâmbițe. Cine tace?
     Ceva ne fură. Ceva lipsește. Ceva ne așteaptă.
     Pînă atunci, cum să înduri
cacofonia asta uruitoare, nelimitată?

8.

Dar dacă acele țipete, scîncete, acele lătraturi,
     nu sunt dezmăț, nu sunt rană,
     nu sunt neant, nu sunt întâmplare,
     nu frica le înalță în spațiu,

6.

I hear voices, I listen to strident shouts
    divine comedies rise and set,
paradises, infernos, purgatories collapse into themselves,
   avalanches of images and ether inundate the synapses;
I listen to the dissolute sobs of an ancient apocalypse
    that repeats eternally, mysterious,
with a vast tenderness, a destructive kindness;
    trying to speak while the Tongue is silent,
words have remained far behind,
    I can hear only the unbearable silence
of a chord untouched by anything
    beyond its own loneliness

7.

over mountain peaks
   gazing, contemplating
Vast tumult overflowing the world,
    where is your luminous harmony?
Mouth, where has the song hidden, who has torn it apart?
Drums and trumpets. Who is silent?
  Something steals us. Something is missing. Something awaits us.
    Until then, how to endure
this rattling cacophony, without end?

8.

But what if those screams, whimpers, those howls,
    aren't debauchery, aren't a wound,
    aren't nothingness, aren't coincidence,
    aren't fear raised aloft into space,

nu sunt doar ale omului
dacă acele țipete, hohote, acele lătraturi,
     sfâșiind surditatea zilelor, nopților,
sînt ale urechilor care încep lent să audă
     un sunet nou, încă insesizabil?

Nervii presimt, auzul profetizează,
neuronii se împletesc în constelații necunoscute,
     limba se deschide încet către o armonie
încă insesizabilă

9.

un sunet nou, un ultrasunet încă insuportabil,
     ca suflul tuturor vieților căzându-ne dintr-odată în spate,
ca zgomotul unei cascade enorme de sînge,
     a sîngelui tot, întorcându-se către noi,
clipocind la picioare.
Dinaintea tăcerii stelare   elementele omului
cântă în cor,
     cer un răspuns,
ca geamătul unei nașteri gigantice
     care nu se termină vreodată,
ca un harmoniu terestru preschimbându-se dureros
     într-o cosmică orgă

10.

Îmi trebuie mai multe auzuri,
     îmi trebuie mai multă viziune, miriade de ochi, o mie de guri:
aud, aud, nu înțeleg tot ce aud, dar aud,
     nu pot înțelege decît cuprinzând,
     înghițind acest zgomot imens, această veche dezordine,

aren't just human
what if those screams, sobs, howls,
        that shred the deafness of days, of nights,
are of ears now slowly beginning to hear
        a new sound, as yet undetectable?

Nerves prophesize, hearing divines,
neurons intertwine into never-before-known constellations,
        the tongue slowly opens for a harmony
as yet undetectable

9.

a new sound, an ultra-sound as yet unbearable,
    like the breath of all our lives suddenly falling back together,
like the roar of an enormous cataract of blood,
        of all the blood, returning to us,
rippling at our feet.
Before the stellar silence   the elements of man
sing in a chorus,
        demand an answer,
like the groans of a gigantic birth
        that never ends,
like a terrestrial harmonium transforming painfully
    into a cosmic organ

10.

I need more hearing,
I need more vision, myriads of eyes, a thousand mouths:
I hear, I hear, I don't understand all I hear, but I hear,
I can understand only by containing,
swallowing this enormous sound, this ancient chaos,

dându-i chipul meu, ochii mei, gura mea,
lăsându-mă înghițită în cele din urmă de tine,
  vastă liniște, vastă iubire
   care te apleci dinaintea mea
    ca să ridici din praf
      o pană de pasăre

11.

privind înapoi, peste vîrfuri,
   de sus, de departe,
acele țipete, acele lătraturi, strigătul, urletul, hohotul,
țes împreună o stranie simfonie
   ce le topește pe toate:
o undă fremătătoare în care toate sunt una,
care umple, satură, copleșește
   gurile noastre în așteptare,
îmblînzește dezlănțuitele fiare,
   înfiorând metalele grele, cuțitele, cuiele,
încheagă dislocate organe, trezind amorțite sinapse,
săturând creierele noastre stupefiate, în așteptare

O muzică mai cuprinzătoare
  decît perla suspendată a lumii –
   planetă, cap tăiat, aruncat viu în cosmos –
o muzică prea puternică încă pentru aceste înguste urechi,
prea desăvîrșită pentru această conștiință fragilă,
  improbabilă pentru sfânta noastră teroare
   în care stăm încastrați
    ca într-un cristal monstruos așteptând
    să fie atins, să se spargă
spre evidență:
bucuria adevărată este insuportabilă

giving it my face, my eyes, my mouth,
letting myself finally be swallowed by you,
        vast silence, vast love
        you bend low before me
            to raise from the dust
                a bird feather

11.

looking back, over the peaks,
        from above, from afar,
those screams, howls, shouts, shrieks, sobs,
interweave a strange symphony
        that melts them all together:
a murmuring wave in which all is one,
that fills, satisfies, overwhelms
        our waiting mouths,
tames the unchained beasts,
        startles heavy metals, knives, nails,
conjoins dislocated organs, awakening benumbed synapses,
satisfying our stupefied, inpatient brains

A music more encompassing
    than the earth's suspended pearl –
        beheaded planet, hurled yet alive into the cosmos –
a music too strong still for these narrow ears,
too perfect for this frail consciousness,
  improbable for our holy terror
        wherein we nest
        like in a monstrous crystal
        waiting to be touched, to shatter
as proof:
true happiness is unbearable

12.

o muzică, o cascadă imensă de sînge,
un val uriaş de iubire,
o vibraţie tandră ce ne ridică şi ne coboară,
        îmbăindu-ne, înecându-ne, înviindu-ne,
sunet integral care învăluie matern lumea
şi ne plonjează în beatitudine

13.

Soarele răsare din tăcerea lăsată în urmă,
        peste oceanul verde-albastru, vibrant,
aşteptând numai tonul,
        sunetul prim al marii fugi
                care va trezi universul

Într-un tîrziu urechile vor auzi şi nu vor surzi
    neuronii vor înţelege şi nu vor înnebuni
        limba va fi depăşită de muzică

Există o armonie de neînţeles
        care penetrează în toţi
        ne integrează pe toţi
        ne înbălsămează

ea e asemenea miresmei trandafirului
şi nu durează decât un moment fără limite:
din ce în ce mai tare, mai tare,
    asurzitor, insuportabil, îmbătător,
        din ce în ce mai încet, mai încet, mai încet,
            şoptit, scîncit, abia murmurat, abia auzit,

            încetând, asurzitoare tăcere,

                                tăcând.

12.

a music, an immense cataract of blood,
a huge wave of love,
a tender vibration that raises us and lowers us,
        bathing us, drowning us, resurrecting us,
integral sound maternally swaddling the world
and plunging us into beatitude

13.

The sun rises from the silence left behind,
        over the swaying, blue-green ocean,
awaiting only for the note,
        the first sound of a great fugue
                that will awaken the universe

At last ears will hear and not be deaf
  neurons will understand and not go mad
    tongue will be transcended by music

There is incomprehensible harmony
        that penetrates all
        that integrates us all
        that embalms us

it is like the attar of roses
and lasts no more than a moment without end:
slowly louder, ever louder,
  deafening, unbearable, intoxicating,
    sometimes quieter, quieter, ever quieter,
        a whisper, a whimper, barely a murmur, barely heard,

        fading away, a deafening silence,
                                                    still.

II

II

haosmos

pîntecul, inima, ochii,
    atîtea uşi infinite, deschise
        cîndva într-o unică exaltare
atîtea cărţi aruncate în flăcări şi
    vîntul cosmic măturînd răsfiratele pagini
răsfirate planete alunecînd, depărtîndu-se

şi noi am fost cîndva în trupul universal
    şi noi am privit prin ochii nemărginiţi

paie, cenuşă, pulberi stelare,
    atîtea aşchii dintr-o formă indestructibilă
        acoperită de uitare, de praf
atîtea cuvinte pierdute dintr-o limbă senină

        şi ele au fost cîndva în poala caldă a logosului
          şi ele au strălucit cîndva de acelaşi surîs

imponderabilă lumină   nu ne uita

scrie-mi trupul pe lume
poate s-o vindeca

chaosmos

the eyes, the belly, the heart
     so many doors, infinite, open
          once in a singular exaltation
so many books thrown on the fire
     the cosmic wind sweeping pages away
planets strewn everywhere, gliding, drifting farther

once we were part of the universal body
   once we gazed through limitless eyes

straw, ash, a host of stars
     so many splinters from an indestructible form
         covered in oblivion, in dust
so many words lost from a serene tongue

       once they were in the warm lap of logos
         once they blazed out with an identical smile

weightless light   do not forget us

inscribe my body upon the world
     maybe it will heal.

în valea de carne

în valea de carne şi lut,
      printre urme şi resturi
cum să mai adaugi ceva
      la această regresie lentă
            în care ochii şi mîinile se afundă
ca într-un mîl, încet şi irevocabil

răul, muscă umilă, odată rostit
      dă din aripi şi zboară, invadează întinderile
ale lui sînt norii şi cărţile

şi acele cuvinte grele
      cunoscute de toţi, ascunse de toţi
asemenea morţilor sacri, ucişi şi îmbălsămaţi
      pentru foamea mulţimii

tu numai să taci
      gura încet să ţi se împietrească
să-ţi mai poţi aminti, odată, tîrziu
      doar un singur cuvînt

să mai poţi şopti un singur cuvînt
      acela, ca o faţă tăcută şi luminoasă
uşurată de carne şi de memorie
      ca o dimineaţă finală a lumii
spălată de întunericul nopţii, ceaţa încet ridicîndu-se
      de pe ape, ochiul încet deschizîndu-se

aminteşte-ţi, şopteşte-l, te rog
      te roagă crinii şi trandafirii

in the valley of flesh

in the valley of flesh and clay
  among traces and scraps
how can you add a comma
  to this gradual regression
    in which eyes and hands bury themselves
as in deep mire, slowly and irrevocably

evil, the humble fly, once uttered aloud
  beats its wings and takes off, invades the open spaces
his are the clouds and books

and those heavy words
  known by all, hidden by all
like the sacred dead, killed and embalmed
  for the hunger of the multitudes

you need only keep quiet
  let your mouth slowly turn to stone
so you might suddenly remember, maybe too late
  just a single word

to whisper a single word
  the one, like a silent and luminous face
disburdened of flesh and of memory
  like a last morning in the world
bathed by night's darkness, fog slowly rising
  from the waters, the eye opening deliberately

remember it, whisper it, I beseech you
  the lilies and roses beseech you

şi cuvîntul acela să repornească
        universul acesta fascinat de o muscă.

and that word will take off again
     this universe fascinated by a fly.

gustul apocalipsei

Şi molia care atrasă de măruntul soare
    al luminării pătrunde în flacără
şi-şi desăvîrşeşte brusc existenţa

Şi strălucirea orbitoare a unei civilizaţii la apus
    care copleşită de propriul ei fast
alunecă printre petarde şi jerbe, printre galaxii
    şi memorii, pe nori de cenuşă şi slavă
        în gura deschisă a haosului

Prin dezastre îşi atinge extazele acestui univers.
Prin extaz îşi desăvîrşeşte dezastrele.

the taste of apocalypse

The moth attracted to the microscopic sun
    of a candle enters its flame
and quickly fulfils its existence

And the blinding light of a declining civilization
    which overwhelmed by its own glitter
glides through petards and fireworks, through galaxies
    and lost memories, on clouds of glory and ash
        into the wide-open mouth of chaos

Through disasters this universe attains ecstasies.
Through ecstasy it fulfils its disasters.

asemenea lumii

Cum s-ar opri deodată apele fluviului
       curgerea lor animală
Ierburi tăiate pe maluri, încremenită secunda:
       printre pietre, trupul, o coajă, un mal părăsit.
Oprite apele fluviului. Nemărginită secunda.
       Suspendată în aer, picătura de rouă
tace
     ascultă.

Bucuria, asemenea lumii, nu are formă
cum ar putea
       fi cuprinsă-n oglindă?

oprite apele, încremenită secunda

Bucurie, mie însămi redă-mă
      spală-mă
       învelește-mă
mie însămi nu mă lăsa

în loc să curgem.

just like the world

How could the river's waters suddenly stop
        their savage flow
grass mown along the shores, a second stone-still:
        among stones, the body, a shell, a forsaken shore.
The river's waters stopped. Endless, the second.
        Suspended in the air, the dew drop
silent
        keeps listening.

Joy, just like the world, has no form
how could it
        be contained in the mirror?

the waters stopped, the second stone-still

Joy, please restore me to myself
        wash me
        cover me
do not leave me to myself

instead of flowing.

mărginită în nemărginire

mărginită în nemărginire
să frămînt vidul, să-l modelez ca pe ceară
        să încheg din neant o schelă subțire
                ca o pînză de insectă tremurătoare
        ca arhitectura invizibilă a unui
        cristal de cobalt, incendiat pînă la transparență
acolo să fug, acolo să locuiesc

să mă concentrez pînă la punct și să uit
        dintr-un infinit fierbinte într-un infinit rece
alunecînd

să cad din mine, în altceva, altcumva
        în nimicul enorm, în palma lui caldă
        în miezul indestructibil
        lumina lui devorantă

să ard
să mă mistui
acolo să mă opresc

o felie de carne mă țintuiește aici.

confined in the infinite

confined in the infinite
to knead the void, to shape it like wax
    to curdle from nothing a delicate scaffold
        like a trembling insect's web
    like the invisible architecture of
    a cobalt crystal, heated to transparency
there to flee, there to dwell

to concentrate till the end and then forget
    from a fiery infinity to an icy infinity
in its sliding

to fall from myself into something else
    somehow into enormous nothing, its warm hand
    into the indestructible core
    its devouring light

to burn
to be burnt to ash
there to stop

a piece of flesh keeps me fixed right here.

trup viu în vid

Trup viu în vid, plasmă extatică,
      flacără exilată de sinele său,
mare de întuneric, exhalată din lut,
      unde odată se putea adormi, exhalată
de timp şi lagune şi spaţii   concentrice,
      nicăieri acasă niciodată

Să fug, umbra se desparte de carne,
      şi apusuri şi aurore, să fug, şi pămîntul
o picătură albastră, degetele părăsite în golf,
      să fug, să mă privesc de sus, de departe

Dezgolită ca un miez devorîndu-şi membranele
      cad din eu
           cad din nume
                cad din privire
mă arunc înăuntru
înăuntrul e mai nemărginit, dizolvant
ca o mare

întuneric, patrie cosmică.

living body in the void

Living body in the void, ecstatic plasma
    the exiled flame of itself
a sea of darkness exhaled by clay
    where once you could sleep, exhaled
by time and lagoons and spaces   concentric
    nowhere, never home

To flee, the shadow breaking away from flesh
    both sunsets and dawns, to flee, and the earth
a blue droplet, fingers left in the gulf
    to fly off and look at myself from above, from on high

Bare like a kernel devouring its own membranes
    I fall away from myself
        I fall far from my name
            I fall beyond vision
I fling myself within
the inside is even more boundless, solvent
like an ocean

darkness, cosmic motherland.

III

III

ca şi cum

ca şi cum
     prin fisura dintre chipuri şi hume
numele s-ar scurge asemeni nisipului
     prin spaţii reci şi străine
într-o mare de întuneric
în gol

ca şi cum
     fluviile s-ar întoarce înapoi
     în matca ochiului din care au pornit
şi sîngele din toate făpturile s-ar retrage
     tăcînd
     în picătura iniţială

ca şi cum
     am intra toţi miriade de miriade
unul într-altul şi-n unicul Om
     şi el s-ar dezintegra în materie
     şi materia în lumină
şi lumina în şoaptă

am fost lumină coerentă cîndva
     bîlbîită lumină sîntem pîlpîire
între două lungi expirări

     laser vom fi în precizia iluminării.

as if

as if
      through the fissure between faces and clays
names were to trickle out like sand
      through tortuous, alien spaces
into an ocean of blackness
into the void

as if
        rivers were to withdraw
      into the depths of the eye they flowed forth from
and the blood of all creatures were to retreat
      silently
      into the initial drop

as if
      we were to fuse   myriads upon myriads
each into another   and all into one single being
      who would disintegrate into matter
        matter into light
and light   into whisper

we were coherence   once
      now we're a stutter of light
sputters between two long expirings

      laser we'll be   in light's tuned faultlessness.

în clipă

Se clatină
        se surpă
                se prăbuşeşte cosmica butaforie

arde
        timpul arde
cu ale sale trei împletite şuvoaie

        ţintuind întunericul

clipa
clipa creşte   cristal monstruos
        se dilată cuprinde
                privirea oarbă a lumii
        faţa ei devastată

clipă   ultimă patrie
                îngroapă-mă-n tine

păşind cu tălpile goale

                vom arde în   Clipă.

instancy

it's shaking
     crumbling
          collapsing   the crypt of the cosmos

burning
     time is burning
its three braided torrents

       keeping darkness at bay

this i n s t a n t
this instant is growing   a monstrous
       crystal expanding   embracing
           the blind stare of the world
       its devastated face

walking with soles bare
         we shall burn into instancy

oh instant   my native country

       bury me in yourself.

sfîrșit nesfîrșit

Scări
trepte
drum pipăit și fierbinte
        în jos   în jos
ziduri necunoscute în întuneric
        roșu   roșu însîngerat

negură
întuneric
        în adînc   în adînc
printr-o poartă de trecere
chipul în urmă pe maluri   lumea
        în urmă   căzînd
prăpastie fierbinte   absorbitoare
        roșu   roșu întunecat

haos ucis
        copleșitoare absență

dezintegrat   topit   absorbit

roșu   roșu incandescent

                sfîrșit nesfîrșit.

an unending end

Stairs
step after step
the road caressed and warm
      downward   downward
unknown walls in the dark
      red   blood-red

haze
darkness
      the depths   the depths
through a farther gate
the face behind on the shores   the world
      behind   falling
a fiery abyss   absorbing
      red   dark red

chaos murdered
      overwhelming presence

      disintegrated melted absorbed

red   incandescent red

         an unending end.

o şuviţă de sînge

ca un creier imens   lumea   golită de gînduri
      aruncată în întunericul cosmic
  lacrimă vie   scăpată în spaţii.
Carnea tace.   Întotdeauna deasupra
      şi dedesubtul unui anume abis.
Eul   dar cine e eu   cercetează întinderile
      ochi fără trup înghiţind lacom distanţele
        plutind liber prin vid

o şuviţă de sînge luminos   pierdută de tine   dar
      cine e tine   pîlpîie   vine   de unde vine
mi se aşază în palmă

ea cuvîntă
      ea preacuvîntă

        sînt sîngele tău.

a trickle of blood

Like an enormous brain   the world   empty of thoughts
        tossed into cosmic darkness
    a living tear   dropped in space.
The flesh is silent.   Always above
        and below a particular abyss.
The I   but who is I?   explores the expanses
        eyes without body greedily swallowing distances
            floating freely through the void

a trickle of luminous blood   lost by you   but
        who?   who is you?   who gleams?
            who comes?   where does it come from?
it sits in my hand

it speaks
        it begins

        I am your blood.

infernuri, paradisuri

infernuri paradisuri locuri de trecere
    (închipuirea în ele e încă fragedă caldă)
urc şi cobor scările lor închegate din teamă
    labirintele lor pătate de sînge
      înconjurate de vid

atît de mult frig   pentru puţină lumină
    atîta vaier   pentru puţină tăcere

paradis   infinită melancolie
    instantanee răsplată

lumină care saturi
        esenţa ta sîngerie

în străfulgerarea zilei neţărmurite
      acest iad este în paradis.

inferno, paradise

inferno   paradise   passageways
       (imagination in them stays fresh warm)
I climb and descend their stairways curdled
      with exaltation and fear
      their labyrinths stained in blood
          surrounded by a void

so much cold   for so little light
      so many groans   so little silence

paradise   infinite melancholy
      instantaneous reward

light that saturates
             your crimson essence

in the lightning of the limitless day
          this hell is part of paradise.

cînd

Cînd
universul meduză își clatină clopotul unduitor
universul ou își învăluie peste centru membranele
universul cerc se aleargă pe sine înghițindu-și finalul
universul lentilă își reflectă imaginea în focarul
          unui alt univers

cînd
creierul crucificat pe nelimitata lui limitare
  își întinde tentaculul cosmic în beznă
monștrii vaști pe care-i secretă
  poartă în centru
          același mister
                    aceeași splendoare.

when

When
the medusa universe sways its undulating bell
   the egg universe winds its membranes around its centre
the circle universe chases itself round and round
   gulping down its end point
the lenticular universe reflects its image in the focal point
      of another universe

when
the crucified brain on its limitless limitation
   spreads its cosmic tentacle into the dark
the vast monsters that it secretes
   bear in their core
      the same mystery
                 the same splendour.

o tăcere asurzitoare

Ard alfabetele flăcări mici palide

                       peste adîncuri

silabele cad   cad vocalele

                       ploaie de zgură

dialectele tac.

Mută înaintea incendiului, scîncesc încet:
nu cuvîntul, ci strigătul,
nu strigătul, ci țipătul,
nu țipătul, ci urletul,
nu urletul, ci hohotul,
hohotul, hohotul, hohotul –
        încăpătorul lui idiom ne înfrățește cu fiarele

sîntem toți o singură carne
așteptînd o tandrețe mîntuitoare
                   o salvare în scîncet

ceva vast enorm îmi mistuie gura
 aud   aud
nu înțeleg ce aud
aud o tăcere asurzitoare
      ca o limbă indestructibilă
      care trece prin om
           și se varsă în întuneric.

a deafening silence

Alphabets are in flames   small weak fires

                              flaring over the depths

syllables fall   vowels fall

                              a rain of ashes

dialects are still.

Mute before the fire, I whimper soundlessly:
not the word, but the cry
not the cry, but the scream
not the scream, but the sob
not the sob, but the howl
howl   howl   howl –

        its abundant idiom makes us kin to the beasts

we're all one and the same flesh
waiting for a redeeming tenderness

                              salvation is our weeping

something vast   truly gigantic   consumes my mouth
    I hear   I hear
I don't understand what I hear
I hear a deafening silence

        like an indestructible language

        that passes amongst mankind

                and spills into bright blinding darkness.

într-un tîrziu

într-un tîrziu materia toată
    şi aburul ei vor fi trecut
măcar o singură dată   prin om
  o singură dată   substanţele toate
     stoluri şi roiuri   se vor fi închegat
     şi dezintegrat   în femei şi bărbaţi
atomii toţi însetaţi   vor fi sorbit
    prin buze şi ochi
                   ziua orbitoare a lumii
elementele vor fi cunoscut adorarea

sîngele tuturora   mare ascunsă
    se va sorbi înapoi   din ţesuturi şi vene
se va întoarce la sine;
  melancolia îşi va închide   inelul
    şi va pleca   mai departe

pulbere afînată de trecere
    impregnată de dragoste
       transfigurată de uluire
unde e capătul tău   unde a patria ta

cînd vom fi astre vom lumina

     cînd nu vom mai fi   vom afla.

at the very last

at the very last   the whole of the material world
        and its smog   will have passed away
at least once, one chance   through man
    at least once, one chance   all material things
        and swarms of energy   will have congealed
        then disintegrated   into women and men
thirsty atoms   will have absorbed
        through eyes and lips   hair and fingers
                        this eye-dazzling day of the world
the elements will have known fear

the blood of all people   the hidden ocean
        will be absorbed back   from veins and from loams
will withdraw into itself –
    melancholy will close   its pale ring
        and go away   far away

living dust   purified in your passing
        stigmatized by love
                transfigured by tears
where is your last end   your native country?

when we become stars   we shall light up

        when we no longer are   we shall be understanding.

milioane de mări

Există un ocean de întuneric
    în spatele tău gol şi îngust
cu care abia mai acoperi
    uşa închisă dinspre

                impenetrabil

trupul tău peliculă crudă
    suspendată între două abisuri
lamă subţire vibrînd acut în neant
    libertatea ei uriaşă

abia ridicaţi dinspre fiară
    ca dintr-un pat însîngerat
doar suferinţa-sacrificiul-uimirea mai pot
incendia întunericul

există un ocean de lumină
    în spatele tău gol şi îngust
cu care abia mai acoperi
    uşa deschisă înspre
        inteligibil

există o mare tăcută
    în fiecare celulă a trupului

milioane de mări   aşteptînd
        semnul resurecţiei.

millions of seas

It's there, an ocean of darkness
       behind your bare, supple back
that you scarcely cover
       the door broken outward towards
                            the intelligible

your body a raw layer of skin
       stretched between two precipices
thinnest of blades despairing echo in nothing
       its immeasurable liberty

we are scarcely risen above beastliness
       as from a blood-stained bed
only suffering pain imagination can still
       set the darkness ablaze

it's there, an ocean of light
       behind your bare, supple back
that you scarcely cover
       the door broken inward towards
             the unfathomable

it's there, a silent sea
       in every cell of the body

millions of seas   awaiting
             the sign of the apocalypse.

sîngele care

Sîngele care intră în lume
şi cel care pleacă din lume
cine îl dăruie cine-l primeşte
             din venele cui în venele noastre?
mai presus de vasele trupurilor
e o mare în sine

o mare tăcută
             turnată în fragile pahare
în adîncul celulelor
             în elemente şi astre
                          înapoia cuvintelor

mai incoruptibilă
             ca metalul sau focul
o mare tăcută   o boare
                          pregătind resurecţia

Ia-mi sîngele tot.

the blood which comes

The blood which comes into the world
and the blood which goes out from it
whoever gives it   whoever receives it
        from whose veins   into our veins
above all the vessels of the body
it's a sea unto itself

a silent sea
        poured into tiny, delicate glasses
in the depths of the cells
in the elements and stars
                        behind all the words

more incorruptible
        than metal or fire
a silent sea   a merest breath of wind
                        preparing
                        the way for the resurrection

Take from me, take all my blood.

IV

IV

vom fi aici

Vom fi aici cînd va cădea seara?
    dar norii golfurile îndepărtate oraşele
timpii indescriptibili ai purpurei
        în care odată se putea adormi egal de departe
        de începutul şi de sfîrşitul
                unei lumi supuse imaginii
egal de departe

Prea lent prea obscur totul
        se preschimbă-n lumină
transmigrează în fulger. Fulgere brăzdează apusul.
Pînă atunci cum să respiri într-o existenţă supusă
        Imaginaţiei fără să întuneci
            o bucurie mai vastă
în care e tăiată pînă în străfunduri
            toată frumuseţea aceasta?

nevăzut. neauzit.

Vom fi aici cînd se va opri clipa?

shall we be here?

Shall we be here when night descends?
      but the clouds   the far-off gulfs   the cities
indescribable times of purple
      when once upon a time one could fall asleep
      at an equal distance
from the beginning and from the end
        of a world subject to the image
at an equal distance

Too slowly too darkly the whole
      transubstantiates into light
transmigrates into lightning. Lightning furrows the sunset.
    Until then how should we breathe   in this existence
      subject to imagination   without darkening
      a joy so much greater
in which all this beauty is pierced
      to the inmost depth?

unseen. unheard.

Shall we be here when the instant is over?

trandafirul de carne

Trandafirul de carne
      petalele lui cu vinişoare de sînge
inflorescenţa purpurie a lumii

gura trandafirului îşi arată prăpăstiile
      dinţii strălucitori între buzele vinete
muşcă mîna întinsă să pipăie
      fulgerul judecător
            al umedelor petale

acest cosmos luneca trece umbra lui răsfirată
      pe nori   petală palidă peste adîncuri
ecoul său îndelung
      supravieţuind plutitor în   obscuritate

cîtă splendoare în haos   cîtă teroare în ordine
   vad trandafirul lumii destrămat în imponderabil
petalele lui umede
      viaţa care nu mai iubeşte
      Pămîntul   care

               se întoarce la sine.

the flesh-rose

The flesh-rose
     its petals with veins of blood
the crimson blossoming of the world

the mouth of the rose reveals its depths
     the lustrous teeth between blue lips
bite the hand stretched out to touch it
     the lightning in judgment
          of its wet petals

this cosmos slides   passes beyond   its diffused shadow
     on the cloud   pale petal over the depths
its lingering echo
     surviving   floating on   obscurity

such splendour in chaos   such terror in order
     I see the rose of the world   torn apart in weightlessness
its wet petals
     life that no longer can love
     The earth   that

          turns inward into itself.

o mînă imensă

Gloria de flacără a dimineţii
înaintez oarbă prin lumina densă, solidă
mă clatin, n-am voie să mă clatin
port în mine ceva mai exploziv decît dinamita
    mai puternic decît neantul.
Roza tumoral-aurorală a lumii, petalele ei
se desfac încet în creierul meu, carbonizat
    ca o planetă contemplîndu-se, incendiată
Îi simt mirosul tare de cadavru şi prunc
    stînd gata să înflorească. Îi aud respiraţia grea.

Se deschide încet în creierul meu trandafirul
    cu un milion de petale, picături de sudoare
        şi sînge cad fără sunet
            se pregăteşte să iasă
                        să iasă

                            să iasă

O mînă imensă mă poartă în palmă.

an immense hand

The fire-glory of the morning.
I advance blind through the dense light. Solid.
I stagger. It's not permitted for me to stagger.
I bear within me something more explosive than dynamite
     more corrosive than nothingness.
The tumoral dawn-rose of the world. Its petals
slowly unfurl in my brain, carbonized
     like a self-contemplating planet. In flames, all in flames.
I smell its acrid reek of corpse and child
     ready to bloom. I hear its tremulous respiration.

Slowly it unfurls in my brain, the rose
with millions of petals, droplets of sweat
     and silent blood dripping down
          making ready to come down
                              come down
                                        come down

An immense hand holds me in its palm.

ei cred

Ei cred că acel lucru nu va veni
ei cred c-a murit.
O oboseală enormă le scaldă picioarele.
Ei cred că acel lucru tot va veni
ei cred că altfel nu se mai poate.
Hrănesc cu pîine și vin o vastă absență.

Eu nu cred nimic. Stau suspendată în Clipă
      ca o picătură de apă de un fir fără capăt.
Port pe limbă acel lucru. Nu-l pot numi.

      Mă oprește așteptarea lor uriașă.

they believe

They believe that this thing won't come
they believe it's dead.
A terrible exhaustion bathes their legs.
They believe that this thing still must come
they believe there can be no other way.
They feed an immense absence with bread and wine.

I don't believe anything. I remain suspended in the Instant
       like a drop of water on an endless thread.
I carry this thing on my tongue. I cannot name it.

     Their implacable waiting holds me back.

foamea de bucurie

Stau în mijlocul stupului, într-o celulă de ceară.
Fierea tuturor îmi mistuie gura.
Presimțirea lor îmi devoră gîndirea.
Simt pentru ei, aștept pentru ei.
Așteptarea lor uriașă, teama lor uriașă, somnul lor
uriaș. Mă impersonalizez ca să suport această povară.
Ca să supraviețuiesc îmi pierd chipul, mă șterg. Simțurile
se varsă dinăuntru înafară. Văd o furnică rostogolind
bobul de bălegar al marii metropole. Aud unda cosmică
gemînd în durerile nașterii. Văd fără să văd.
Aud fără să aud, fără să vreau, fără să mă pot împotrivi.
Ceea ce ei nu vor să vadă, nu vor să audă. Frumusețea
care sare în ochi, ca o fiară sălbatecă. Ca un surîs în
sîngele lucrurilor, intensă, insuportabilă. Aburul auroral
al unei dimineți orbitoare, fulgerul acela nemărginit.
Fiecare celulă din mine știe mai mult decît mine. E invulnerabilă.
O are îngropată în ea, se hrănește din ea și nu moare. Bucuria există.
E mai inexplicabilă decît lumea, mai puternică decît lumina. Mai grea.
Mai copleșitoare. Nu are nume. Ea e putere. E pretutindeni.
O nebunie a cosmosului. O oglindire iubitoare.
Transparentă și pură ca o picătură de apă.
Picătura suspendată în care plutim, în care sîntem
înecați. Viețile sînt cuvintele ei. E îngropată în
celulele noastre. Celulele noastre o strigă. Le e foame
de bucurie. Mările lor ascunse îi așteaptă semnalul. Aud
viitura enormă. Simt suflul cascadei.
Mireasma mierii
mîntuitoare.

hunger for joy

I'm at the very centre of the hive, in a wax cell.
Everyone's bile sours my mouth.
Their foreboding devours my thoughts.
I feel for them, suffer for them.
Their immense waiting, their immense fear, their slumber.
I depersonalize myself to bear this burden.
To survive I lose my face, erase self. Sensations
flow outward from inside. I see an ant rolling
the ball of dung of the great metropolis. I hear the cosmic wave
moaning with labour pains. I see without seeing
hear without hearing, without wanting to, without being able
    to block it.
What they don't want to see, don't want to hear. The beauty
that transfixes my glance, like a wild beast. Like a smile in
the blood of things, intense, unbearable. The dawn mist
of a blinding morning, endless lightning.
Each of my cells knows more than I.
It has this buried inside it, feeds on it, won't die. Joy exists.
It's more inexplicable than the world, stronger than light. More
    oppressive.
Overwhelming. Nameless. It's power. It's everywhere.
A cosmic madness, a passionate mirroring.
Transparent, as pure as a drop of water.
The suspended drop we're floating in, we're
drowned in. Beings are its words. It's buried
in our cells. Our cells cry out to it. They hunger
for joy. Their hidden seas await its sign. Hear
the enormous rush. Feel the breath of the cascade.
The fragrance of the honey
of salvation.

un univers

Un univers de forma trupului tău
        cu luminoase golfuri spaţii blînde
        suspendate într-o privire albastră
bîntuind creierul dezintegrat ca o spumă
        meandrele unei arse pustietăţi
unde veşmînt nu e   carne nu e   gînd nu e
        doar luminoasă umbră
unde valul verde albastru al unui sînge mai pur
        urcă lent vibrînd din adîncuri
acolo unde ceea ce vine este demult
        şi dinăuntru ne poartă
unde vorbă şi chip
        pot preschimba în gresie moartă
aburul vast al fiinţei tale
                lipsite de margini
pot arunca în neant
        floarea tremurătoare
                a surîsului tău

      n e m ă r g i n i t .

a universe

A universe in the form of your body
    with luminescent bays   gentle spaces
    suspended in a blue gaze
haunting the disintegrated brain like sea foam
    the labyrinth of a burnt-over wilderness
where there's no clothing   no flesh   no thought
    just brilliant shadow
where the blue-green wave of a purer blood
    slowly arises pulsing from the depths
there what appears is ancient
    and carries us within
where word and face
    can turn into sandstone
the expansive mist of your being
                devoid of limits
can fling into nothingness
    the tremulous flower
          of your smile

    l i m i t l e s s .

erai transparent

Erai transparent
    lumina neagră trecea prin tine tăcînd
    ca printr-o fereastră îngustă tăiată
în întunecimea universală
  și-ți aprindea părul

materia toată
    la picioarele tale
        o pată de sînge

de acum nu mai există
    de acum nu mai învinge

Erai transparent
    lumina albă trecea prin tine cîntînd
    ca printr-o fereastră îngustă deschisă

    în inima cosmică.

you were transparent

you were transparent
      the black light passed through you   silently
      as through a narrow window   cut
into the universal darkness
  and ignited your hair

all matter
     at your feet
         just a bloodstain

from now on it no longer exists
     no longer defeats me

you were transparent
      the white light passed through you   singing
      as through a narrow window   opened

      into the cosmic heart.

eram pe buzele tale

Eram pe buzele tale
    ca o picătură de sînge
care ar păta o mare întreagă

ca o cicatrice în formă de cruce
    tăiată din întuneric
care nu s-ar mai închide nicicînd

ca o năframă a veronicăi
    spălată de chip îmbibată de apă

eram pe buzele tale
    un punct dulce căzînd
        în propriul lui infinit
        într-o nemărginire pereche

    toată eram   pe buzele tale.

I was on your lips

I was on your lips
     like a drop of blood
that would stain an entire ocean

like a scar in the shape of a cross
     cut into darkness
that would never close up

like st. veronica's veil
     bathed by the face   soaked in water

I was on your lips
     a sweet full stop
          falling through its own infinity
     into a kindred boundlessness

     I was wholly   on your lips.

roată, rubin şi vîrtej

roată rubin şi vîrtej
        zăpada luminoasă a buzelor tale
                mă conducea prin grădină
acolo unde n-am zărit nici bărbat nici femeie
        ci doar licărirea unui apus-răsărit
înghiţit în sfîrşit de dulceaţa ta nesfîrşită
        abur printre frunzişuri
acolo unde în sfîrşit nu e nimeni
        doar o mireasmă atotcuprinzătoare
şi degetele părăsite pe mal.

va fi această lume ridicată pe aripi?

wheel, ruby and vortex

wheel, ruby and vortex
    the luminous snow of your lips
        guided me through the garden
where I could see no woman   no man
    only the gleam of the twilight dawn
swallowed in the end by your never-ending sweetness
    a mist among leaves
where in the end there's nobody
    only an all-embracing fragrance
and fingers left behind on the shore

will this world be raised to the highest on wings?

dimineața nesfîrșită a lumii

mă las golită de sens   translucide mîinile mele
        uitate pe țărm   mă las umplută de aer
vasul trupului   alb și subțire
                se desface în spațiu.
Cîtă intensitate în simțuri   sînt numai plutitoare
        suflare   atîta presimțire a morții.
Cum să supraviețuiești acestei înțelegeri fulgerătoare
        fără să te preschimbi în lumină   sau sunet

O reîntoarcere bruscă
    a unei dimineți uriașe   purtînd încă urme de lichid amniotic
        zorii încet ridicîndu-se   apele încet retrăgîndu-se
totul e viu   e umed de suflu   e irumpere scînteietoare
        picături ale unei seve eterne
                cad pe fața mea oarbă:
totul e viu   e halucinant amănunt   palpită umed
        în așteptare   peste tot plutește
                o înfricoșătoare mirare   încet desfăcîndu-se
îmbăindu-se-n purpură
    o gură infinită cîntînd

Cum să te bucuri fără să suferi
cum să suferi fără să lauzi
mă cobor în uitare
mă dizolv în absorbitoarea imagine
    recad în materia tînără
                în lumină   în vid

Soare   matcă incandescentă   din nou absoarbe-mă.

endless morning of the world

I let myself be emptied of meaning   translucent my arms
        forgotten on the shore   I let myself be filled with air
the body's vessel   pale and slender
                                        disintegrates in space.
Such intensity of sensation   I simply float
        breath   such a joyful foreshadowing of death.
How to survive this flash of understanding
        without dispersing as light   as sound

The unexpected return
    of a glorious morning   bearing still the traces of amniotic fluid
        dawn's slow brightening   water's slow ebbing
everything is alive   is moist with breath   bursts glittering
        droplets of an eternal sap
            fall on my blind face:
everything is alive   is hallucinatory detail   throbs wet
        and waiting   upon it all there floats
            an awful wonder   a slow opening up
bathing itself in splendour
    an infinite mouth singing   shouting

How to be joyous without suffering
how to suffer without praising
I descend into oblivion
I dissolve into the absorbing image
    I fall once more into fresh matter
                            into limitless space

Sun   incandescent matrix   absorb me anew.

poeţii

viermi de mătase îşi secretă încet
    firele strălucitoare şi invizibile
fiecare din ele înfaşă coconul mort
    mumia îndelung aşteptată
       vîntul le poate rupe atît de uşor...
Numai de departe de sus pînza lor subţire şi albă
    îţi acoperă chipul

viermi de mătase fragili
    îmbălsămaţi în ucigătoarea lor frumuseţe
       pentru pînza aceea atît de subţire şi albă

în care
numai tu   de departe   de sus
    poţi să-ţi vezi ţesut   chipul.

the poets

silkworms calmly secrete their
        threads sparkling and invisible
each of them swathes the dead cocoon
        the long-awaited mummy
                the wind can tear them apart so easily
Only from far away   from high above   does their web
                        diaphanous and white
        cover your face

fragile silkworms
        embalmed in their own killing beauty
            for that web so diaphanous and white

in which
only you   from far away   from above
        can watch your face   being woven.

în pupila uriaşului ochi

Să fiu singură,
înconjurată de mine însămi
    ca un atol de ape sărate,
ca un sîmbure îmbrăcat în goliciune şi aşteptare.
Înfăşurată în întuneric, în lichidul lui amniotic, în giulgiu.
Într-atît încît să nu mă mai opun lumii. Nici vidului.
    Să mă topesc în diluantul lui translucid
        prin care se poate îndura
            strălucirea ei orbitoare

Să nu mă grăbesc. Să uit totul.
Să las golul să intre în mine.
Acum cînd sînt mai puţin decît firul de praf,
    mai prejos decît pana de pasăre,
cînd nu e nimeni în preajmă, doar vîntul
    şi întunericul, devastînd goale întinderile,
cînd în sfîrşit nu sînt nimeni, veşmintele părăsite
    pe ţărm, doar o privire flămîndă,
    o vedere cuprinzătoare, reflex al luminii de seară
        pe fluvii, în golfuri, pe nori,
licărire în pupila uriaşului ochi,
    iridescent şi întunecat de albastru
care ne conţine şi ne priveşte
    şi în noi se priveşte
şi cu pleoapa lui

    ne acoperă.

in the pupil of the colossal eye

To be alone
surrounded by myself
    like an atoll by salt water
a kernel robed in nakedness and waiting.
Swaddled in darkness, in its amniotic fluid, in a shroud.
Such that I cannot resist the world. Or the void.
      To dissolve in its translucent distillation
          only through which can one endure
              its blinding glare

To make no haste. To forget everything.
To let emptiness infuse throughout me.
Now when I'm smaller than a grain of dust
    lighter than a bird feather
when no one would companion me, only wind
    and darkness, devastating empty dimensions
when finally I'm no one   clothes abandoned
    on the shore   just a tender gaze
    an all-encompassing look   a reflection of evening light
      on the rivers the bays the clouds
the gleam in the pupil of a colossal eye
    dark iridescent blue
that contains us and keeps watch on us
    and in us watches itself
and with its eyelid

    covers us.

ceea ce vine

şerpi rîme broaşte
     bîlbîieli pline de mîl
ale unei guri fără buze
                  ridicîndu-se lent
din adînc să şoptească

albatroşi pescăruşi libelule
     începuturi ale unui cuvînt uriaş
picături de sudoare
     presimţire a orgii

ceea ce vine distruge cuvintele.

what comes

snakes   worms   frogs
      mire-filled stuttering
of a lipless mouth
                    rising slowly
to whisper from the depths

albatross   seagulls   fireflies
      the beginnings of an immense word
drops of sweat
      anticipating an orgy

what comes destroys words.

noi acum

noi acum
        nu sîntem decît
țăndări răsfirate
        ale unui trup uriaș
întins să moară
        ori poate să zămislească

aburul unei miresme arse demult
        valul verde albastru al unei mări copleșitoare
            care se apropie sau
                    se îndepărtează

bîlbîieli
        ale unui cîntec enorm
stînd să pornească ori să sfîrșească
        începutul
            unui țipăt
                care n-a tăcut niciodată

noi
        încă nu ne iubim.

now we

now we
>   are no more than
slivers
>   of a huge body
>   strewn everywhere
laid out to die
>   or perhaps to conceive

the mist of a fragrance charred long ago
>   the blue-green wave of an overpowering sea
>   about to flow near   or
>   withdraw far away

the stuttering
>   of an enormous song
waiting to start   or to end
>   the beginning
>   of a scream
>   that never has been silenced

we
>   still we don't love   one another.

haosmos

în cele din urmă
    dezordinea atinge desăvîrşirea
limbile toate se dizolvă   în muzica albă a vîntului
    haosul atinge splendoarea
în cele din urmă   dintre evoluţii   vîrtejuri
    lumea brusc se opreşte   într-o imagine
ape văzduhuri   metropole   rămîn suspendate
    universul   întreg se opreşte
        într-o fotografie
adîncă şi temerară

El ia fotografia   umedă încă
    o priveşte îndelung
        pe el   se priveşte
        şi o înghite.

chaosmos

In the end
      disorder reaches perfection
languages dissolve into the music   of wind
      chaos attains pure splendour

In the end   out of the whirlwinds   whirlpools   evolution
      the world screeches to a halt   a fixed image:
waters   cities   the heavens   hang suspended
    the entire universe consummates
          in a
    daring and profound photograph.

He holds up the print   still wet
    examines it for a long time
          examines himself for as long
             and gulps it down.

The Author and the Translators

Magda Cârneci is a poet, art essayist and prose writer born in Romania. She currently lives between Paris and Bucharest. Member of the well-known "'80s generation" in Romanian literature, she became actively involved in the political and cultural Romanian scene after the Revolution of December 1989. At present she is president of PEN Club Romania. She is also a member of the European Cultural Parliament.

Some of her volumes of poetry in Romanian have been translated into English (*Chaosmos*, 2006), Dutch (*Chaosmos*, 2004) and French (*Psaume*, 1997; *Trois saisons poétiques*, 2008; *Chaosmos*, 2013). Her Ph.D. thesis was published under the title *Art and Power in Romania 1945-1989* (Paris, 2007). In 2011 her novel *FEM* was nominated for several national prizes. She has also published several books of essays in different languages.

She has translated many British and American poets into Romanian, such as Seamus Heaney, Allen Ginsberg, Menna Elfyn, Carolyn Forché, Christopher Merrill, Fiona Sampson, Medbh McGuckian, Sylvia Plath, Marianne Moore, Yang Lian, among others.

Her poems have been translated into thirteen languages and have appeared in many anthologies and international reviews.

Mădălina Bănucu received her B.A. in English Language and Literature from Babeş-Bolyai University. She started her translation career as part of MTTLC, an M.A. programme offered by the University of Bucharest. She has focused on the translation of contemporary poetry and prose.

Adam J. Sorkin has published more than fifty books of Romanian translations and has won numerous awards, including the Poetry Society (U.K.)'s Popescu Translation Prize for Marin Sorescu's *The Bridge*, the Kenneth Rexroth Memorial Translation Prize, the Ioan Flora Translation Prize, and the Poesis Translation Prize, among others. His most recent books are *The Hunchbacks' Bus* by Nora Iuga, translated with Diana Manole (Bitter Oleander Press) and *Syllables of Flesh* by Floarea Tutuianu, translated with Irma Giannetti (Plamen Press).

Ingram Content Group UK Ltd.
Milton Keynes UK
UKHW012319090323
418330UK00001B/137